W9-CHI-650

DELICIAS

únicamente deliciosas recetas

INFORMACIÓN GENERAL

El grado de dificultad de las recetas de este libro se
expresa en números del 1(sencillo) al 3 (difícil).

DELICIAS
únicamente deliciosas recetas
vegetariana

RINDE 6 porciones

PREPARACIÓN 15 minutos

COCCIÓN 30 minutos

DIFICULTAD grado 1

Crostini

con chícharos y calabacitas

En una olla con agua hirviendo con sal cocine las calabacitas de 5 a 7 minutos o hasta que estén suaves. • Escurra perfectamente, reservando el agua de cocimiento. Seque las calabacitas con papel absorbente. • Hierva el agua en la que se cocieron las calabacitas y cocine los chícharos durante 5 minutos o hasta que estén suaves. • Escurra perfectamente. • Precaliente el horno a 200°C (400°F/gas 6). • Engrase con mantequilla una charola para hornear. • En una olla pequeña sobre fuego lento cocine la mantequilla y la harina durante un minuto revolviendo constantemente. • Retire del fuego e integre la mitad de la leche caliente. Caliente nuevamente y revuelva bien hasta obtener una mezcla espesa. Agregue gradualmente la leche restante, moviendo continuamente. Sazone con la sal, pimienta y nuez moscada. • Continúe revolviendo constantemente durante 5 minutos más, hasta obtener una salsa cremosa. • Retire del fuego y agregue la yema de huevo. • Añada dos cucharadas de queso parmesano, los chícharos y las calabacitas, mezclando cuidadosamente. • Acomode las rebanadas de pan en la charola preparada. Hornee durante 5 minutos. • Unte la mezcla de calabacitas sobre los panes y espolvoree con el queso parmesano restante. • Hornee de 7 a 10 minutos o hasta que estén crujientes y tostados. • Sírvalos calientes.

2 calabacitas, cortadas en cubos pequeños
1 taza (100 g) de chícharos frescos
2 cucharadas de mantequilla
2 cucharadas de harina de trigo (simple)
1 taza (250 ml) de leche, caliente
Sal y pimienta negra recién molida, al gusto
1/4 cucharadita de nuez moscada en polvo
1 yema de huevo, ligeramente batida
1/2 taza (60 g) de queso parmesano recién rallado
6 rebanadas de pan integral

Pan Plano

con garbanzos

Precaliente el horno a 200°C (400°F/gas 6). • Engrase con aceite una charola para asar. • En un tazón grande coloque la harina y haga una fuente en el centro. Usando una cuchara de madera agregue gradualmente el agua necesaria para obtener una masa espesa. • Agregue el aceite y sazone con sal y pimienta. • Vierta la mezcla hacia la charola, llenando hasta obtener 5 mm (1/4 in) de profundidad. • Hornee durante 10 minutos o hasta dorar ligeramente. • Pase a un platón de servir y sazone con pimienta. • Sirva caliente.

4 tazas (600 g) de harina de garbanzo
5 tazas (1.25 l) de agua fría
3/4 taza (180 ml) de aceite de oliva extra virgen
Sal y pimienta negra recién molida

Pan Plano
con jitomate y arúgula

En un tazón mediano coloque la harina de garbanzo con las hojas de laurel y agregue gradualmente el agua. • Una vez que se haya absorbido toda el agua, agregue el aceite. Sazone con sal y deje reposar durante 30 minutos. • Precaliente el horno a 200°C (400°F/gas 6). • Engrase con aceite un refractario de 25 cm (10 in). • Retire las hojas de laurel de la mezcla de garbanzo y pásela al refractario con ayuda de una cuchara. • Hornee aproximadamente 10 minutos o hasta dorar ligeramente. • Deje enfriar sobre una rejilla de alambre hasta que enfríe por completo. • Corte en 4 ó 6 cuadros y cubra con la arúgula, jitomates y queso parmesano. Sazone ligeramente con sal y pimienta y rocíe con el aceite restante.

1 1/3 taza (200 g) de harina de garbanzo
4 hojas de laurel
2 tazas (500 ml) de agua fría
1/2 taza (125 ml) de aceite de oliva extra virgen
Sal y pimienta negra recién molida
1 manojo de arúgula, lavada y cortada en trozos pequeños
180 g (6 oz) de jitomates cereza, partidos a la mitad
60 g (2 oz) de queso parmesano, en láminas

RINDE 6-8 porciones

PREPARACIÓN 10 minutos

COCCIÓN 15 minutos

DIFICULTAD grado 1

Tofu Frito

Cubra las rebanadas de tofu con la harina y sumérjalas en el huevo batido. • Caliente 2 cucharadas de aceite en un wok grande y agregue las rebanadas del tofu. Fría sobre fuego medio aproximadamente un minuto o hasta que se doren ligeramente. Voltéelas, agregue dos cucharadas más de aceite y fría hasta que se doren. Escurra sobre toallas de papel y coloque en un refractario • En un tazón mezcle el jerez, sal, aceite de ajonjolí y consomé. • Espolvoree el tofu con las cebollitas de cambray, jengibre y semillas de ajonjolí y vierta sobre él la mezcla del caldo. Pique el tofu con ayuda de un tenedor. Cocine a fuego lento hasta que el tofu haya absorbido todo el líquido.

1 kg (2 lb) de tofu, cortado en rebanadas de 1 cm (½ in)

1 taza (150 g) de harina de trigo (simple)

1 huevo grande, ligeramente batido

¼ taza (60 ml) de aceite de oliva extra virgen

1 cucharada de jerez

1 cucharadita de sal

1 cucharada de aceite de ajonjolí

½ taza (125 ml) de caldo de verduras

1 cucharada de cebollitas de cambray, finamente picadas

1 cucharada de raíz de jengibre, finamente picada

2 cucharadas de semillas ajonjolí, tostadas

RINDE 4-8 porciones

PREPARACIÓN 45 minutos

COCCIÓN 15-20 minutos

DIFICULTAD grado 1

Tartaletas

con arúgula

Precaliente el horno a 190°C (375°F/gas 5). Engrase con mantequilla 8 moldes pequeños para tartaleta. • Extienda la pasta sobre una superficie ligeramente enharinada hasta que tenga un grosor de 3 mm ($^1/_4$ in). Corte en círculos suficientemente grandes para cubrir la base y los lados de los moldes para tartaleta. • Hornee durante 10 minutos y deje reposar sobre una rejilla. • En una sartén mediana derrita la mantequilla y cocine la cebolla y el ajo de 2 a 3 minutos, hasta que estén transparentes. • En un tazón mediano bata los huevos con la leche hasta espumar. • Retire las tartaletas del horno y, con ayuda de una cuchara, rellénelas con un poco de la mezcla de cebolla. Espolvoree con un poco del queso rallado. Divida la mezcla entre los moldes para tartaletas • Hornee de 15 a 20 minutos, hasta que el relleno se haya cocido. • En una sartén tueste los piñones. • Espolvoree las tartaletas calientes con la arúgula y los piñones; sirva calientes.

350 g (12 oz) de pasta quebrada, descongelada
2 cucharadas de mantequilla
1 cebolla, finamente picada
1 diente de ajo, finamente picado
5 huevos grandes
$^1/_2$ taza (125 ml) de leche
150 g (5 oz) de queso fontina o gruyere, rallado
3 cucharadas de piñones
1 manojo de arúgula, picada

Focaccia de Salvia

Prepare la masa para focaccia como se indica a continuación, agregando la salvia al amasar. • Masa para Focaccia: Coloque la levadura en un tazón pequeño. Agregue el azúcar y la mitad del agua tibia y mezcle hasta que el azúcar se haya disuelto. • Deje reposar durante 15 minutos. Cuando esté lista tendrá una apariencia cremosa. Mezcle hasta integrar por completo. • En un tazón grande mezcle la harina con la sal. Haga una fuente en el centro y vierta la mezcla de levadura y la cantidad necesaria del agua restante para obtener una masa suave. Mezcle hasta que el agua se haya absorbido por completo. • Para amasar: Espolvoree con harina una superficie de trabajo, de preferencia de madera. • Coloque la masa en el centro. Amase con sus dedos y forme una bola compacta. • Haga presión con sus nudillos para extender la masa. Tome el extremo lejano de la masa, dóblelo hacia usted y vuélvalo a extender haciendo presión con la orilla de la palma de su mano. Flexione su muñeca, dóblela nuevamente hacia usted y vuélvala a extender hacia afuera. Repita la operación con mucho cuidado durante aproximadamente 10 minutos. La masa debe quedar suave y elástica, con burbujas de aire bajo su superficie y tender a regresarse si la aplana con su mano. • Coloque en un tazón grande ligeramente engrasado con aceite y cubra con una toalla. Deje reposar durante 90 minutos para que esponje. La masa debe duplicar su tamaño. • Para probar si está lista, encaje su dedo ligeramente en la masa; si se queda marcado, ya está lista. Recuerde que la levadura es un ingrediente activo y que la temperatura y la humedad, entre otras cosas, la afectan fácilmente. Algunos días esponjará más fácilmente que otros. • Precaliente el horno a 210°C (425°F/gas 7). • Coloque la masa en una charola para hornear previamente engrasada con aceite y con sus manos, extiéndala para formar un disco de 30 cm (12 in). Forme hoyuelos en la masa con las puntas de sus dedos, rocíe con el aceite restante y espolvoree con la sal de mar. • Hornee aproximadamente 20 minutos, hasta que dore.

Masa para Focaccia

25 g (1 oz) de levadura fresca o 2 paquetes (7 g /1/4 oz) de levadura seca activa

1 cucharadita de azúcar

Aproximadamente 1 1/4 taza (300 ml) de agua, tibia

3 1/3 tazas (500 g) de harina de trigo (simple)

1 cucharadita de sal fina

2 cucharadas de aceite de oliva extra virgen

1 cucharada de sal de mar (opcional)

2 cucharadas de hojas de salvia fresca, toscamente picada

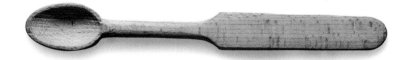

RINDE 4-6 porciones

PREPARACIÓN 30 minutos + tiempo
necesario para preparar la masa

COCCIÓN 25-30 minutos

DIFICULTAD grado 1

Focaccia

con jitomates y pimiento

Prepare la masa de focaccia siguiendo las instrucciones de la página 12. • Engrase con 1 cucharada de aceite un molde para hornear de 25 x 38 cm (10 x 15 in). • Extienda la masa formando un rectángulo del tamaño del molde y colóquela sobre el mismo. Con las puntas de sus dedos forme hoyuelos en la masa. • Deje reposar la masa durante 30 minutos más para que esponje. • Precaliente el horno a 220°C (450°F/gas 8). • Coloque los jitomates, pimiento, piñones y albahaca al gusto sobre la masa. Rocíe con el aceite. • Hornee de 25 a 30 minutos o hasta que dore. • Sirva caliente.

1 porción de masa para Focaccia (ver página 12)

2 cucharadas de aceite de oliva extra virgen

Sal

12 jitomates cereza, cortados a la mitad

1 pimiento rojo, sin semillas, descorazonado y cortado en tiras

2 cucharadas de piñones

Albahaca fresca, picada, para acompañar

RINDE 4-6 porciones

PREPARACIÓN 35 minutos + tiempo
necesario para preparar la masa

COCCIÓN 25-30 minutos

DIFICULTAD grado 1

Focaccia de Cebolla
con hierbas

Prepare la masa de focaccia siguiendo las instrucciones de la página 12. • Engrase con aceite un molde para hornear de 25 x 38 cm (10 x 15 in). • Extienda la masa formando un rectángulo del tamaño del molde y colóquela sobre el mismo. • Deje esponjar durante 30 minutos más. • Precaliente el horno a 220°C (450°F/gas 8).
• Saltee las cebollas en el aceite de oliva durante 5 minutos. • Barnice la masa con el aceite. Acomode las cebollas sobre la masa y sazone con la sal, tomillo y mejorana. • Hornee de 25 a 30 minutos o hasta que dore. • Sirva caliente.

1 porción de masa para Focaccia
(ver página 12)

2 cebollas, en rebanadas finas
2 cucharadas de aceite de oliva
extra virgen
Sal
$1/2$ cucharadita de tomillo seco y $1/2$ de
mejorana seca

RINDE 4-6 porciones
PREPARACIÓN 10 minutos + tiempo
necesario para preparar la masa
COCCIÓN 15-20 minutos
DIFICULTAD grado 2

Focaccia Frita

con papas y romero

En una olla grande con agua hirviendo con sal cocine las papas durante 25 minutos o hasta que estén suaves. Escurra y presione en un tazón grande. • En un tazón pequeño mezcle la levadura con el agua. • En otro tazón grande mezcle la harina y la sal. • Agregue la mezcla de levadura y el aceite de oliva extra virgen. Revuelva hasta incorporar por completo. Integre las papas. • Cubra la masa y déjela reposar durante una hora, hasta que esponje. • Coloque la masa sobre una superficie enharinada y amase durante 2 minutos. Divida la masa en 8 porciones y aplane ligeramente con su mano cada porción. • En una sartén grande a fuego medio caliente el aceite de cacahuate. Fría las focaccias en dos tandas de 3 a 5 minutos. Voltee con ayuda de una espátula y fría de 3 a 5 minutos más, hasta que estén completamente doradas. • Escurra sobre papel absorbente. Espolvoree con sal y romero. Sirva caliente.

350 g (12 oz) de papas para hervir, sin piel

25 g (1 oz) de levadura fresca o 2 paquetes (7 g / $^1/_4$ oz) de levadura seca activa

$^1/_3$ taza (90 ml) de agua tibia

1 $^1/_3$ taza (200 g) de harina de trigo (simple)

$^1/_2$ cucharadita de sal

2 cucharadas de aceite de oliva extra virgen

1 taza (250 ml) de aceite de cacahuate, para freír

2 cucharadas de romero fresco, finamente picado

RINDE 4-6 porciones

PREPARACIÓN 25 minutos + tiempo
necesario para preparar la masa

COCCIÓN 20-25 minutos

DIFICULTAD grado I

Focaccia
con calabacitas y pesto

Prepare la masa de focaccia siguiendo las instrucciones de la página 12. • Precaliente el horno a 220°C (450°F/gas 8). • Engrase con aceite un molde para hornear de 25 x 38 cm (10 x 15 in). • Pesto: En un procesador de alimentos pique la albahaca, piñones, ajo, aceite y sal y pimienta hasta obtener una mezcla tersa. • Pase la mezcla a un tazón pequeño e integre el queso y el agua. • Cocine las calabacitas en agua hirviendo con sal durante 5 minutos o hasta que estén suaves.
• Escurra y rectifique la sazón con sal y pimienta. • Extienda la masa formando un rectángulo del tamaño del molde y coloque sobre el mismo. • Presione la masa con las puntas de sus dedos para formar hoyuelos. • Unte el pesto sobre la masa de manera uniforme.
• Hornee de 20 a 25 minutos o hasta que la masa empiece a dorar.
• Acomode las calabacitas sobre la focaccia. Hornee durante 5 minutos más. • Sirva caliente.

1 porción de masa para Focaccia (ver página 12)

Pesto

2 tazas (50 g) de hojas frescas de albahaca

2 cucharadas de piñones

2 dientes de ajo

1/2 taza (125 ml) de aceite de oliva extra virgen

Sal y pimienta negra recién molida

4 cucharadas de queso parmesano recién rallado

Aproximadamente 2 cucharadas de agua hirviendo

3 calabacitas

1/4 taza (60 ml) de aceite de oliva extra virgen

Sal y pimienta negra recién molida

RINDE 6 porciones

PREPARACIÓN 10 minutos

COCCIÓN 20 minutos

DIFICULTAD grado 1

Hot Cakes

con nueces, pecorino y manzana

En un tazón mediano mezcle los dos tipos de harina, polvo para hornear y sal. • Agregue los huevos, mantequilla y leche; bata hasta obtener una mezcla tersa. • Sazone con sal y pimienta. • Engrase con aceite una sartén plana o una sartén especial para crepas y caliéntela. Vierta 3 ó 4 cucharadas de la mezcla preparada sobre la sartén, moviendo la sartén de lado a lado para distribuirla en una capa uniforme. • Cocine el hot cake de un lado hasta que las burbujas que se forman se vean secas. Usando una espátula voltee y cocine por el otro lado, hasta que se dore. • Coloque el hot cake en un horno tibio y termine de preparar la mezcla restante. Le deberá alcanzar aproximadamente para 12 hot cakes. • Decoración: Coloque un hot cake en un platón de servir y cúbralo con una capa de manzanas, nueces y queso. Rocíe con $1/2$ cucharada de miel y cubra con otro hot cake. Repita la operación y cubra con otro hot cake. Decore con queso, nueces y miel. • Sirva inmediatamente.

$1^{1}/_{3}$ taza (200 g) de harina de trigo (simple)

1 taza (150 g) de harina integral

2 cucharaditas de polvo para hornear

$^{1}/_{2}$ cucharadita de sal

2 huevos grandes, ligeramente batidos

4 cucharadas de mantequilla, derretida

1 $^{1}/_{2}$ taza (375 ml) de leche

Sal y pimienta negra recién molida

2 manzanas Granny Smith, descorazonadas y cortadas en rebanadas delgadas

150 g (5 oz) de queso pecorino romano, en rebanadas delgadas

$^{1}/_{3}$ taza (90 ml) de miel de abeja, tibia

1 taza (125 g) de nueces, ligeramente tostadas

RINDE 4 porciones

PREPARACIÓN 10 minutos

COCCIÓN 20 minutos

DIFICULTAD grado 1

Sopa de Calabacitas

En una sartén caliente la mantequilla y saltee las papas y la cebolla hasta que estén ligeramente doradas. • Agregue 1 taza (250 ml) del caldo y deje que se reduzca. • En una olla grande caliente el aceite y la taza restante (250 ml) de consomé; agregue las calabacitas y la flor de calabaza y cocine durante 10 minutos. • Sazone con sal y pimienta. Vierta la mezcla de las papas y la de las calabacitas a un procesador de alimentos o a una licuadora. Procese hasta obtener una mezcla tersa. • Regrese la sopa a la olla y caliente durante 5 minutos más. • Decore con un remolino del yogurt y la albahaca. Sirva caliente.

2 cucharadas de mantequilla
400 g (14 oz) de papas, sin piel y cortadas en trozos pequeños
1 cebolla, finamente picada
2 tazas (500 ml) de caldo de verduras
750 g (1 ½ lb) de calabacitas, finamente rebanadas
300 g (10 oz) de flor de calabaza, cortadas a la mitad
2 cucharadas de aceite de oliva extra virgen
Sal y pimienta negra recién molida
2 ó 3 cucharadas de yogurt natural
4 hojas de albahaca fresca, troceadas

Sopa de Calabaza de Castilla
con galletas amaretti

En una sartén sobre fuego lento caliente la mitad de la mantequilla y saltee la cebolla durante 5 minutos o hasta que esté suave. • Agregue la calabaza y continué cocinando sobre fuego medio durante 3 minutos más. • Vierta el caldo sobre la calabaza y cocine aproximadamente 15 minutos o hasta que la calabaza esté suave. • Pase la mezcla de calabaza al procesador de alimentos y pique hasta obtener una mezcla tersa. • Vierta la mezcla de calabaza a una olla grande. Agregue la crema, azúcar y sal y lleve a ebullición. • Agregue la mantequilla restante y mezcle hasta incorporar por completo. • Sirva en tazones para sopa y espolvoree con las migas de galleta. Sirva caliente.

1 cucharada de mantequilla

1 cebolla pequeña, finamente picada

500 g (1 lb) de cabalaza de castilla, limpia y cortada en cubos

2 tazas (500 ml) de caldo de verduras, hirviendo

1 ²/₃ taza (400 ml) de crema espesa

1 cucharadita de azúcar

Sal

12 galletas amaretti, en migas

RINDE 4 porciones

PREPARACIÓN 20 minutos

COCCIÓN 25-30 minutos

DIFICULTAD grado 1

Sopa de Pasta
con habas

En una olla mediana a fuego medio caliente el aceite. Saltee la cebolla y el ajo aproximadamente 5 minutos, hasta que doren. • Agregue las papas y las habas. Saltee durante 2 ó 3 minutos. • Agregue el caldo de verduras. Hierva sobre fuego bajo de 15 a 20 minutos o hasta que las habas estén suaves. • Agregue la pasta y cocine hasta que esté al dente. • Sazone con sal y pimienta y sirva caliente.

$1/4$ taza (60 ml) de aceite de oliva extra virgen

1 cebolla, finamente picada

2 dientes de ajo, finamente picados

2 papas medianas, sin piel y cortadas en cubos pequeños

2 tazas (300 g) de habas frescas o congeladas

1 cucharadita de puré de jitomate concentrado disuelto en 2 tazas (500 ml) de caldo de verduras

300 g (10 oz) de pasta pequeña, penne

Sal y pimienta negra recién molida

RINDE 4 porciones

PREPARACIÓN 20 minutos + 1 hora
de refrigeración

DIFICULTAD grado 1

Sopa de Melón Chino

Corte los melones horizontalmente a la mitad. Con ayuda de una cuchara saque la pulpa de los melones dejando únicamente un borde de 1 cm (1/2 in) de grosor. Coloque la pulpa en un tazón. Reserve las cáscaras de los melones. • En un procesador de alimentos muela las semillas de cardamomo, albahaca, chile, ajo y eneldo. • Agregue la pulpa de los melones, aceite y sal y muela hasta incorporar por completo. • Añada el jugo de limón y la salsa inglesa y mezcle hasta incorporar por completo. • Usando una cuchara sirva la sopa en las cáscaras de melón y refrigere durante una hora antes de servir.

2 melones chinos pequeños, aproximadamente de 1 kg (2 lb) cada uno

Semillas de 6 cardamomos

2 hojas de albahaca fresca, troceadas

1 chile pequeño, sin semillas y finamente picado

1/2 diente de ajo

1 manojo de eneldo o perifollo, finamente picado

1 cucharada de aceite de oliva extra virgen

1/2 cucharadita de sal

1 cucharada de jugo de limón amarillo recién exprimido

1 cucharadita de salsa inglesa

RINDE 4 porciones

PREPARACIÓN 15 minutos

COCCIÓN 15 minutos

DIFICULTAD grado 1

Sopa de Jitomate

con yogurt

En una olla grande con agua hirviendo con sal cocine los jitomates durante un minuto. Escurra, enjuague con agua fría y retire la piel. Páselos por un molino para verduras o pique con un cuchillo. • Coloque el puré de jitomate en una olla mediana sobre fuego medio. Lleve a ebullición y sazone con sal y pimienta. Agregue el orégano. • Lleve a ebullición y cuando suelte el hervor reduzca el fuego y cocine a fuego lento durante 10 minutos. • Agregue el yogurt, reservando una cucharada para decorar. • Espolvoree con 2 hojas de albahaca y retire del fuego. • Sirva en platones individuales para sopa y decore con la albahaca restante y el yogurt.

1 kg (2 lb) de jitomates maduros firmes
Sal y pimienta negra recién molida
$\frac{1}{2}$ cucharadita de orégano seco
2 tazas (500 ml) de yogurt natural
4 hojas de albahaca fresca, troceadas

Sopa de Lenteja Roja

En una olla grande sobre fuego medio derrita la mantequilla. Saltee las cebollas durante 5 minutos, hasta que estén ligeramente doradas.
• Agregue las lentejas, el caldo y el puré de jitomate. Sazone con sal.
• Cocine de 25 a 30 minutos o hasta que las lentejas estén suaves.
• Retire del fuego y muela la sopa en el procesador de alimentos o licuadora hasta obtener una mezcla tersa. • Espolvoree con el perejil y acompañe con los crutones a un lado.

2 cucharadas de mantequilla

2 cebollas medianas, finamente picadas

2 tazas (200 g) de lentejas rojas, bien lavadas

1 litro (1 qt) de caldo de verduras

1 cucharada de puré de jitomate concentrado

Sal

1 cucharada de perejil fresco, finamente picado

Crutones, para acompañar

Minestrone

En una olla grande sobre fuego medio caliente una cucharada de aceite. Saltee la cebolla aproximadamente 5 minutos, hasta que se ablande. • Agregue las verduras y saltee durante 5 minutos más. • Agregue 2 tazas (500 ml) del agua, tape la olla y hierva a fuego lento aproximadamente 15 minutos. • Vierta el agua restante. Lleve a ebullición y sazone con sal. • Agregue los frijoles y mezcle hasta integrar por completo. • Agregue el spaghetti y cocine hasta que esté al dente. • Sirva la sopa en platones individuales precalentados y sazone con la pimienta. Rocíe con el aceite restante y sirva caliente.

2 cucharadas de aceite de oliva extra virgen

1 cebolla, finamente picada

½ coliflor, cortada en ramitos

100 g (3 oz) de ejotes verdes, sin puntas

2 zanahorias pequeñas, cortadas en trozos pequeños

1 papa pequeña, cortada en trozos pequeños

1 ½ litro (1 ½ qt) de agua caliente

Sal y pimienta negra recién molida

2 ½ tazas (250 g) de frijoles cannellini enlatados

250 g (8 oz) de spaghetti, en trozos pequeños

RINDE 4 porciones
PREPARACIÓN 20 minutos + tiempo
para remojar
COCCIÓN 30 minutos o 90 minutos
DIFICULTAD grado 2

Sopa de Verduras
con frijoles

Si va a utilizar frijoles secos, colóquelos en un tazón grande con agua fría y déjelos remojando durante 12 horas. Escurra perfectamente.
• Blanquee los jitomates en agua hirviendo durante 30 segundos. Con una cuchara grande sáquelos del agua. Pele los jitomates y córtelos en trozos grandes. • En una olla grande caliente el aceite y saltee la cebolla y el apio hasta que estén suaves. • Agregue las verduras, ejotes y agua. Lleve a ebullición. • Tape la olla parcialmente y cocine de 20 a 30 minutos (si los frijoles ya están cocidos) o 1 $\frac{1}{2}$ hora (si los frijoles están secos). • Cerca de 15 minutos antes de que la sopa esté lista, agregue el arroz. Mezcle hasta integrar por completo y cocine hasta que esté suave. • Integre el ajo, perejil y albahaca a la sopa.
• Sirva caliente.

150 g (5 oz) de frijoles bayos frescos o 1 taza (100 g) de frijoles secos

250 g (8 oz) de jitomates maduros firmes

$\frac{1}{4}$ taza (60 ml) de aceite de oliva extra virgen

1 cebolla grande, finamente picada

125 g (4 oz) de apio, cortado en cubos

350 g (12 oz) de papas, sin piel y cortadas en cubos

200 g (7 oz) de zanahorias, cortadas en cubos

150 g (5 oz) de calabacitas, cortadas en cubos

125 g (4 oz) de ejotes verdes, limpios y cortados en trozos pequeños

1 $\frac{1}{2}$ litro (1 1/2 qt) de agua fría

1 taza (200 g) de arroz de grano corto

1 diente de ajo, finamente picado

1 manojo de perejil, finamente picado

1 rama de albahaca, finamente picada

RINDE 4 porciones

PREPARACIÓN 15 minutos

COCCIÓN 40 minutos

DIFICULTAD grado 1

Pimientos Rojos

con cuscús de champiñones

Precaliente el horno a 200°C (400°F/gas 6). • Corte los pimientos a la mitad, retire las semillas y desvénelos. • Prepare el cuscús siguiendo las instrucciones indicadas en el empaque. • En una olla grande sobre fuego medio caliente el aceite y saltee los champiñones durante 3 minutos. • Agregue el ajo, jitomates, cebollitas de cambray, menta y cilantro. Cocine sobre fuego lento durante 5 minutos. • Agregue el cuscús y cocine durante 3 minutos. • Rocíe con el jugo de limón y sazone con sal y pimienta. Mezcle hasta integrar por completo y con ayuda de una cuchara, vierta la mezcla sobre los pimientos. Cubra con papel aluminio y hornee de 25 a 30 minutos o hasta que los pimientos estén suaves. • En un tazón pequeño mezcle el yogurt con el perejil. • Retire los pimientos del horno y decórelos con el eneldo. • Sirva acompañados del yogurt.

3 pimientos (capsicums) rojos grandes

1 taza (150 g) de cuscús precocido

$1/4$ taza (60 ml) de aceite de oliva extra virgen

250 g (8 oz) de champiñones, toscamente picados

1 diente de ajo, finamente picado

10 jitomates cereza

6 cebollitas de cambray, finamente picadas

1 cucharada de menta o hierbabuena fresca, finamente picada

2 cucharadas de cilantro fresco, finamente picado

Jugo recién exprimido de $1/2$ limón amarillo

Sal y pimienta negra recién molida

$3/4$ taza (180 ml) de yogurt natural

2 cucharadas de perejil fresco, finamente picado

Eneldo, para decorar

RINDE 4-6 porciones
PREPARACIÓN 20 minutos + 12 horas para remojar
COCCIÓN 1-2 horas
DIFICULTAD grado 1

Granos de Trigo

con calabacitas y queso parmesano

Remoje los granos de trigo sin procesar en agua fría durante 12 horas. • Escurra y pase a una olla grande. Vierta suficiente agua caliente para cubrir los granos de trigo hasta que dupliquen su volumen. • Lleve a ebullición y cocine durante 1 ó 2 horas, o hasta que estén suaves • Caliente una sartén o charola para asar y ase las calabacitas, hasta que estén suaves. • Pase a un tazón, sazone con sal y pimienta y rocíe con 2 cucharadas de aceite. Espolvoree con el perejil y la menta. • Escurra los granos de trigo perfectamente y reserve. Deje enfriar. • Coloque las calabacitas sobre un platón para servir grande y cubra con los granos de trigo. Rocíe con el aceite restante y el jugo de limón. • Añada las nueces tostadas, queso parmesano y, si lo desea, unas hojas más de menta.

300 g (10 oz) de granos de trigo sin procesar

4 calabacitas (courgettes), cortadas horizontalmente en rebanadas delgadas

Sal y pimienta negra recién molida

$1/2$ taza (90 ml) de aceite de oliva extra virgen

2 cucharadas de perejil fresco, finamente picado

1 cucharada de menta o hierbabuena fresca, finamente picada, más hojas adicionales para decorar

1 cucharada de jugo de limón amarillo recién exprimido

20 nueces, sin cáscara, tostadas y picadas

100 g (3 oz) de queso parmesano, en hojuelas delgadas

RINDE 4-6 porciones

PREPARACIÓN 10 minutos

COCCIÓN 5 minutos

DIFICULTAD grado 1

Ravioles

con pasta de aceituna

En un tazón grande mezcle la pasta de aceituna con la mitad del aceite de oliva. • En una olla grande con agua hirviendo con sal cocine la pasta hasta que esté al dente. • Escurra e intégrela con la mezcla de aceite y aceituna, revolviendo suavemente. Rocíe con el aceite restante. • Añada los jitomates, alcaparras, anchoas y albahaca. Sazone con sal y pimienta y vuelva a mezclar. • Sirva de inmediato.

$^1/_2$ taza (125 g) de pasta de aceituna negra

$^1/_3$ taza (90 ml) de aceite de oliva extra virgen

500 g (1 lb) de ravioles comprados, de preferencia con relleno de queso o espinaca

6 jitomates grandes, cortados en cubos pequeños

1 cucharada de alcaparras curadas en sal, enjuagadas

2 filetes de anchoas en aceite, drenados y finamente picados

1 rama de albahaca, troceada

Sal y pimienta negra recién molida

RINDE 4-6 porciones

PREPARACIÓN 10 minutos

COCCIÓN 15 minutos

DIFICULTAD grado 1

Spaghetti Sazonado
con ajo, piñones y uvas pasas

En una olla grande con agua hirviendo con sal cocine la pasta hasta que esté al dente. • Mientras la pasta se está cociendo, caliente el aceite en una sartén grande sobre fuego medio y saltee el ajo y el chile hasta dorar el ajo ligeramente. • Agregue los piñones y las uvas pasas. Sazone con sal y pimienta. Saltee durante un minuto más.
• Escurra la pasta perfectamente y agréguela a la sartén con la salsa. Añada el perejil y mezcle sobre fuego alto durante un minuto.
• Sirva de inmediato.

500 g (1 lb) de spaghetti
1/3 taza (90 ml) de aceite de oliva extra virgen
2 dientes de ajo, finamente picados
1 chile rojo fresco, sin semillas y finamente picado
1/2 taza (90 g) de piñones
1/2 taza (90 g) de uvas pasas doradas (sultanas)
Sal y pimienta negra recién molida
4 cucharadas de perejil fresco, finamente picado

Spaghetti
con habas frescas

En una olla grande con agua hirviendo con sal cocine las habas entre 5 y 10 minutos o hasta que estén suaves. Reserve el agua de cocimiento para la pasta. • Coloque las habas (reservando algunas para adornar), ajo y aceite en el tazón de un procesador de alimentos. Procese hasta obtener una mezcla tersa. Sazone con sal. • Mientras tanto, cocine la pasta en el agua reservada hasta que esté al dente. • Escurra y pase a un tazón grande. Añada el puré de haba, tomillo, romero y mejorana. Sazone con pimienta y mezcle hasta integrar por completo. Cubra con las habas reservadas. • Sirva de inmediato.

400 g (14 oz) de habas frescas o congeladas

1 diente de ajo sin piel

1/4 taza (60 ml) de aceite de oliva extra virgen

Sal y pimienta negra recién molida

500 g (1 lb) de spaghetti

2 cucharaditas de tomillo fresco, finamente picado

2 cucharaditas de romero fresco, finamente picado

2 cucharaditas de mejorana fresca, finamente picada

Rigatoni
con bolas de queso ricotta

Precaliente el horno a 200°C (400°F/gas 6). • En un tazón coloque el queso ricotta, queso parmesano, harina, sal, yema de huevo, perejil y ralladura de limón y revuelva hasta obtener una mezcla tersa. • Haga bolas del tamaño de una canica. Coloque en un molde y rocíe con 2 cucharadas de aceite. Hornee durante 10 minutos o hasta que estén firmes. • Pique las hojas de apio en un procesador de alimentos con el caldo, 3 cucharadas de aceite, jugo de limón y sal. • Corte el apio y saltee en una sartén con una cucharada de aceite durante 2 ó 3 minutos. • Sazone con sal y retire del fuego. • En una olla grande con agua hirviendo con sal cocine la pasta hasta que esté al dente. Escurra perfectamente y pase a un tazón de servir precalentado. • Agregue el puré de hoja de apio, apio salteado y bolas de queso ricotta. • Mezcle suavemente y sirva.

300 g (10 oz) de queso ricotta fresco, drenado

4 cucharadas de queso parmesano recién rallado

1/2 taza (75 g) de harina de trigo (simple)

Sal

1 yema de huevo grande

1 cucharada de perejil fresco, finamente picado

1 cucharada de ralladura fina de limón

1/3 taza (90 ml) de aceite de oliva extra virgen

1 corazón de apio con hojas

1/4 taza (60 ml) de caldo de verduras

1 cucharada de jugo de limón amarillo recién exprimido

500 g (1 lb) de rigatoni

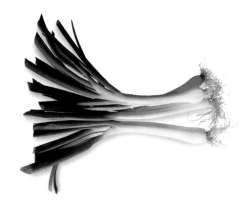

RINDE 4 porciones

PREPARACIÓN 20 minutos

COCCIÓN 30 minutos

DIFICULTAD grado 2

Pasta Fresca

con cebollitas de cambray y jitomate

Precaliente el horno a 200°C (400°F/gas 6). • Coloque los jitomates, con la parte cortada hacia abajo, sobre un refractario. Espolvoree con la mitad del queso parmesano, sal, pimienta y tomillo. Rocíe con la mitad del aceite. • Hornee de 15 a 20 minutos o hasta que el queso se dore. • En una olla grande sobre fuego bajo caliente el aceite restante y saltee las cebollitas alrededor de 5 minutos. • Integre el yogurt y el queso parmesano restante. Sazone con sal y pimienta. Mantenga la salsa caliente sobre fuego muy bajo. • En una olla grande con agua caliente con sal cocine la pasta hasta que esté al dente. • Escurra la pasta y colóquela en la sartén con la salsa de yogurt. Mezcle ligeramente. • Pase a un platón de servicio precalentado, agregue los jitomates horneados y mezcle una vez más. • Sazone con pimienta y sirva caliente.

300 g (12 oz) de jitomates cereza, partidos a la mitad

1/2 taza (75 g) de queso parmesano recién rallado

Sal y pimienta negra molida

2 cucharadas de tomillo fresco, picado

1/3 taza (90 ml) de aceite de oliva extra virgen

250 g (8 oz) de cebollitas de cambray, finamente rebanadas

I taza (250 ml) de yogurt natural

400 g (14 oz) de maltagliatti u otra pasta fresca (como el pappardelle o el tagliatelle)

Risotto a la Pimienta

En una sartén grande sobre fuego medio caliente 2 cucharadas de mantequilla y saltee la cebolla, hasta suavizar. • Agregue el arroz y cocine durante 2 minutos, moviendo constantemente. • Integre el vino y cuando se haya absorbido, empiece a integrar el caldo caliente, 1/2 taza (125 ml) a la vez. Añada los granos de pimienta verde. Cocine y mezcle de 15 a 18 minutos, hasta que cada adición se haya absorbido y el arroz esté suave. • Incorpore la mantequilla restante y el queso. Adorne con el cebollín y sirva caliente.

- 1 cebolla mediana, finamente picada
- 1/4 taza (60 g) de mantequilla
- 1 1/2 taza (300 g) de arroz para risotto
- 1/3 taza (90 ml) de vino blanco seco
- 1 litro (1 qt) de caldo de verduras, caliente
- 1 ó 2 cucharadas de granos de pimienta verde en salmuera, drenados
- 2 cucharadas de queso parmesano recién rallado
- 3 cucharadas de cebollín fresco, cortado con tijeras

Arroz con Comino

En una olla grande sobre fuego medio caliente el aceite y saltee la cebolla, semillas de comino y ajo, hasta dorar el ajo ligeramente. • Agregue los jitomates. • Integre el arroz y el agua. Lleve a ebullición. Tape y hierva a fuego lento de 10 a 15 minutos, moviendo ocasionalmente, hasta que el arroz esté suave y todo el líquido se haya absorbido. • Añada el perejil y sazone con sal y pimienta. Adorne con rebanadas de jitomate y el perejil. • Sirva caliente.

3 cucharadas de aceite de oliva extra virgen

1 cebolla grande, finamente picada

1 cucharadita de semillas de comino

1 diente de ajo, finamente picado

De 2 a 4 jitomates medianos, rebanados más 1 en rebanadas delgadas, para decorar

1 $\frac{1}{2}$ taza (300 g) de arroz de grano largo

1 litro (1 qt) de agua hirviendo

2 cucharadas de perejil fresco, finamente picado

Sal y pimienta negra molida

Perejil, para decorar

RINDE 4-6 porciones

PREPARACIÓN 15 minutos

COCCIÓN 25 minutos

DIFICULTAD grado 2

Risotto de Manzana

Blanquee las manzanas en agua hirviendo durante 2 minutos. • Escurra y rocíe con el jugo de limón y el vino. • En una sartén grande sobre fuego medio caliente el aceite y la mantequilla; saltee la cebolla y el ajo hasta que el ajo esté ligeramente dorado. • Integre el arroz y cocine durante 2 minutos moviendo constantemente. • Incorpore la mezcla de manzana y cuando el vino se haya absorbido, empiece a integrar el caldo, $1/2$ taza (125 ml) a la vez. Cocine, mezclando, entre 15 y 18 minutos, hasta que cada adición se haya absorbido y el arroz esté suave. • Incorpore la crema y el queso parmesano. Adorne con las rebanadas de manzana y espolvoree con la páprika. Sirva caliente.

2 manzanas medianas, sin piel, descorazonadas y cortadas en cubos

Jugo de $1/2$ limón amarillo recién exprimido

$1/3$ taza (90 ml) de vino blanco seco

3 cucharadas de aceite de oliva, extra virgen

3 cucharadas de mantequilla

1 cebolla grande, finamente picada

1 diente de ajo, finamente picado

2 tazas (400 g) de arroz para risotto

1 litro (1 qt) de caldo de pollo (hecho en casa o caldo de pollo en cubo), caliente

2 cucharadas de crema espesa

$1/2$ taza (60 g) de queso parmesano recién rallado

Rebanadas de manzana, para decorar

$1/4$ cucharadita de páprika dulce o picante

RINDE 2-4 porciones

PREPARACIÓN 40 minutos

COCCIÓN I hora 20 minutos

DIFICULTAD grado 2

Verduras Rellenas
con arroz

Precaliente el horno a 180°C (350°F/gas 4). • Engrase con aceite un refractario grande. • Retire y reserve la parte superior de los jitomates. Usando una cucharita ahueque los jitomates y coloque la pulpa en un tazón pequeño. Coloque los jitomates ahuecados invertidos en un colador y deje escurrir. • Corte la parte superior de los pimientos, retire las semillas y descorazone. • Cocine el arroz en agua hirviendo con sal durante 10 minutos. • Escurra y deje enfriar en un tazón grande. • En una sartén grande caliente 2 cucharadas de aceite y saltee la cebolla, ajo y orégano hasta suavizar la cebolla. • Agregue los piñones y las grosellas; cocine durante 5 minutos. • Integre la albahaca y el perejil. Sazone con sal. • Integre la mezcla salteada y la pulpa de jitomate con el arroz y mezcle hasta integrar por completo. Sazone con sal y pimienta. • Rellene los jitomates y pimientos con esta mezcla. Cubra cada pimiento y jitomate con su propia "tapa". • Acomode las verduras en un refractario y rocíe con el aceite. Cubra con papel aluminio y hornee alrededor de 50 minutos o hasta que las verduras estén suaves. • Sirva calientes o a temperatura ambiente.

⅓ taza (90 ml) de aceite de oliva extra virgen
2 jitomates grandes
2 pimientos (capsicums) rojos o verdes
I taza (200 g) de arroz de grano largo
I cebolla morada, finamente rebanada
2 dientes de ajo, finamente picados
I cucharadita de orégano seco
3 cucharadas de piñones
3 cucharadas de grosellas
4 cucharadas de albahaca fresca, finamente picada
3 cucharadas de perejil fresco, finamente picado
Sal y pimienta negra recién molida

Calabacitas Rellenas

Corte las puntas de cada calabacita y corte longitudinalmente a la mitad. Con ayuda de una cuchara, retire los centros y pique finamente la pulpa. • En un tazón mediano mezcle la pulpa de calabacita, perejil, ajo, migas de pan, queso parmesano, huevo y leche. • Usando una cuchara pase la mezcla a las calabacitas ahuecadas. • En una sartén grande sobre fuego medio, caliente la mantequilla y saltee las cebollitas hasta suavizar. • Añada los jitomates y sazone con sal y pimienta. • Acomode las calabacitas en la sartén con la mezcla de jitomate. Incorpore el agua. • Hierva sobre fuego medio durante 20 minutos. • Sirva caliente.

4 calabacitas (courgettes)
1 cucharada de perejil fresco, finamente picado
1 diente de ajo, finamente picado
1/2 taza (60 g) de migas finas de pan seco
1/2 taza (60 g) de queso parmesano recién rallado
1 huevo grande
2 cucharadas de leche
1/4 taza (60 g) de mantequilla
1 cebollita de cambray, finamente picada
2 cucharadas de jitomate, picado
Sal y pimienta negra recién molida
1 taza (250 ml) de agua

RINDE 4 porciones

PREPARACIÓN 5 minutos

COCCIÓN 30 minutos

DIFICULTAD grado 1

Tofu al Curry

En una sartén grande sobre fuego medio caliente el aceite y saltee la cebolla y el ajo durante 5 minutos, hasta que el ajo esté ligeramente dorado. • Agregue el curry en polvo y sazone con sal. Hierva a fuego lento durante un minuto. • Integre los jitomates y hierva a fuego lento durante 5 minutos o hasta que empiecen a desbaratarse. • Agregue el tofu y hierva a fuego lento durante 20 minutos. • Sirva caliente acompañando con verduras como plato principal.

3 cucharadas de aceite de oliva extra virgen

1 cebolla grande, finamente picada

1 diente de ajo, finamente picado

1 ó 2 cucharaditas de polvo de curry picante

Sal

6 jitomates, sin piel y picados

400 g (14 oz) de tofu, picado en cubos

RINDE 4-6 porciones

PREPARACIÓN 20 minutos

COCCIÓN 35-40 minutos

DIFICULTAD grado 1

Tajine de Verduras

Precaliente el horno a 180°C (350°F/gas 4). • En un horno holandés u olla para hacer tajine sobre fuego medio-alto caliente el aceite. Saltee las cebollas y bulbos de cebollitas de cambray alrededor de 5 minutos, hasta dorar ligeramente. • Añada los jitomates, zanahorias y calabacitas. Cocine durante 10 minutos, moviendo a menudo. • Agregue el aceite restante, la canela, semillas de comino, clavo, la mitad de la menta y las hierbas picadas. Integre el caldo y sazone con sal y pimienta. • Cubra con papel aluminio y hornee de 35 a 45 minutos o hasta que las verduras estén suaves. • Adorne con la menta restante y sirva caliente.

$1/3$ taza (90 ml) de aceite de oliva extra virgen

2 cebollas, toscamente picadas

4 cebollitas de cambray, únicamente los bulbos

3 jitomates, sin piel y cortados en dados

3 zanahorias, cortadas en círculos

3 calabacitas (courgettes), finamente picadas

$1/8$ cucharadita de canela en polvo

1 cucharadita de semillas de comino

$1/8$ cucharadita de clavo molido

1 cucharada de menta o hierbabuena fresca, finamente picada

1 manojo de mezcla de hierbas frescas, finamente picadas

2 tazas (500 ml) de caldo de verduras

Sal y pimienta negra recién molida

Curry de Verduras

En una olla grande sobre fuego medio cocine las lentejas, cebollas, jitomates, hojas de curry, cúrcuma, agua y sal durante 20 minutos.
• Agregue las verduras que tardan más en cocerse como son las zanahorias y las papas junto con la pasta de tamarindo, coco y azúcar. Hierva a fuego lento durante 15 minutos o hasta que las verduras se estén suavizando y las lentejas se hayan desbaratado. • Añada las verduras restantes y el cilantro; cocine durante 10 minutos más.
• En una olla pequeña caliente el aceite y saltee las semillas de mostaza y los chiles hasta que aromaticen. • Agregue el curry de verduras, mezcle hasta integrar por completo y cocine durante 2 minutos más. • Sirva caliente.

2 tazas (300 g) de lentejas amarillas pequeñas

2 cebollas, rebanadas

2 jitomates, picados

2 ramas de hojas de curry

1/2 cucharadita de cúrcuma molida

1 litro (1 qt) de agua

1 cucharadita de sal

800 g (1 3/4 lb) de verduras mixtas

2 cucharadas de pasta de tamarindo

1 taza (100 g) de coco recién rallado mezclado con 1/3 taza (90 ml) de agua

1/2 cucharadita de azúcar

1 cucharada de cilantro fresco, finamente picado

2 cucharadas de aceite de oliva extra virgen

1 cucharadita de semillas de mostaza

De 2 a 4 chiles rojos secos, desmoronados

RINDE 4 porciones

PREPARACIÓN 25 minutos

COCCIÓN 45 minutos

DIFICULTAD grado 1

Lasagna de Calabacitas

Precaliente el horno a 200°C (400°F/gas 6). • En una sartén grande sobre fuego medio caliente 2 cucharadas del aceite y dore las calabacitas. • Retire de la sartén y reserve. • En la misma sartén caliente 2 cucharadas de aceite y una cucharada de mantequilla, saltee las migas de pan y el ajo durante 5 minutos. • Retire de la sartén y reserve. • Saltee los chalotes y las zanahorias en el aceite restante sobre fuego medio hasta dorar ligeramente. • Añada los espárragos y la crema; hierva a fuego lento durante 10 minutos. Sazone con sal. • Cubra un refractario con una capa de tiras de calabacitas. Cubra con una capa de la mezcla de espárragos y espolvoree con las migas de pan y el queso parmesano. Repita la operación hasta que todos los ingredientes estén en el refractario, terminando con una capa de migas de pan y queso parmesano. • Agregue los trozos restantes de mantequilla. • Hornee entre 15 y 20 minutos o hasta dorar. • Sirva caliente.

$\frac{1}{3}$ taza (90 ml) de aceite de oliva extra virgen

750 g (1 $\frac{1}{2}$ lb) de calabacitas (courgettes), cortadas longitudinalmente en tiras delgadas

2 cucharadas de mantequilla, cortada en trozos

1 $\frac{3}{4}$ taza (100 g) de migas de pan fresco

1 diente de ajo, finamente picado

5 chalotes, toscamente picados

2 zanahorias, cortadas en cubos pequeños

250 g (8 oz) de puntas de espárragos, finamente picadas

$\frac{3}{4}$ taza (180 ml) de crema espesa

Sal

1 taza (125 g) de queso parmesano recién rallado

RINDE 4 porciones

PREPARACIÓN 10 minutos

COCCIÓN 25 minutos

DIFICULTAD grado 1

Guisado de Champiñones
con piñones

En una olla grande sobre fuego medio-alto caliente el aceite y saltee las papas y el ajo durante 5minutos. • Agregue los champiñones y sazone con sal y pimienta. Cubra y hierva a fuego bajo durante 5 minutos. Los champiñones deberán soltar humedad a medida que se cocinan. Destape y deje que la humedad se evapore. • Integre los piñones y las almendras y hierva a fuego lento de 5 a 10 minutos, hasta que las papas y los champiñones estén suaves. • Espolvoree con la menta justo antes de retirar el guisado del fuego. • Sirva caliente.

¼ taza (60 ml) de aceite de oliva extra virgen

2 papas grandes, cortadas en dados

2 dientes de ajo, finamente picados

750 g (1 ½ lb) de champiñones blancos (frescos o congelados), toscamente picados

Sal y pimienta negra recién molida

⅔ taza (120 g) de piñones

½ taza (50 g) de almendras, en hojuelas

1 cucharada de menta o hierbabuena fresca, toscamente picada

RINDE 4-6 porciones
PREPARACIÓN 25 minutos + 12 horas
para remojar
COCCIÓN 2 horas 20 minutos
DIFICULTAD grado 2

Garbanzos
con salsa de jitomate

Coloque los garbanzos en una olla grande y cubra con agua con sal. Lleve a ebullición sobre fuego medio y cocine alrededor de 2 horas, hasta que estén suaves. Escurra perfectamente. • En una olla grande sobre fuego medio caliente el aceite. Agregue la cebolla, ajo y chile. Saltee durante 3 minutos, hasta que la cebolla esté transparente. • Añada los garbanzos y saltee durante 5 minutos. • Integre los jitomates y sazone con sal. Cocine durante 10 minutos sobre fuego medio-alto, hasta que los garbanzos estén suaves y la salsa se haya reducido ligeramente. • Pase a un platón de servicio. • Espolvoree con el perejil y sirva caliente.

250 g (8 oz) de garbanzos, remojados durante la noche anterior

Sal

3 cucharadas de aceite de oliva extra virgen

1 cebolla grande, finamente picada

2 dientes de ajo, finamente picados

1 ó 2 chiles secos, desmoronados

250 g (8 oz) de jitomates, sin piel y pasados a través de un colador de malla fina

2 cucharadas de perejil fresco, picado

RINDE 4-6 porciones
PREPARACIÓN 30 minutos + 1 hora para escurrir
COCCIÓN 75 minutos
DIFICULTAD grado 1

Berenjenas Horneadas

Coloque la berenjena en capas dentro de un colador. Espolvoree cada capa con sal gruesa de mar. Deje escurrir durante una hora. • Precaliente el horno a 180°C (350°F/gas 4). • Enjuague las berenjenas bajo el chorro de agua fría y seque con toallas de papel. Espolvoree ligeramente con harina. • En una sartén grande caliente el aceite para freír y fría la berenjena, volteando las rebanadas hasta dorar. Escurra sobre toallas de papel. En una sartén grande caliente el aceite de oliva extra virgen y saltee la cebolla alrededor de 5 minutos, hasta suavizar. • Añada los jitomates y la albahaca, sazone con sal y pimienta y hierva sobre fuego bajo durante 20 minutos. • Coloque una capa de berenjena en un refractario. Espolvoree con queso parmesano, cubra con una capa de queso mozzarella y otra de salsa de jitomate. Repita esta operación hasta que todos los ingredientes estén en el refractario. • Hornee alrededor de 40 minutos, hasta que burbujee y esté dorado. • Sirva caliente.

4 berenjenas (aubergines) medianas, cortadas en rebanadas de 5 mm ($1/4$ in) de grueso

2 cucharadas de sal gruesa de mar

$1/2$ taza (75 g) de harina de trigo (simple)

1 taza (250 ml) de aceite de oliva para freír

2 cucharadas de aceite de oliva extra virgen

1 cebolla pequeña

750 g (1 $1/2$ lb) de jitomates, sin piel y picados

10 hojas de albahaca fresca, troceadas

Sal y pimienta negra recién molida

1 $1/2$ taza (180 g) de queso parmesano recién rallado

250 g (8 oz) de queso mozzarella fresco, en rebanadas delgadas

Índice

Derechos registrados ©2009 por McRae Books Srl

Primera edición en inglés publicada en 2009

Derechos reservados/ All rights reserved.

Ninguna parte de este libro se puede reproducir de ninguna manera sin la autorización previa por escrito del editor y dueño de los derechos registrados.

Importado, editado y publicado por primera vez en México en 2009 por/ Imported, edited and published in Mexico in 2009 by: Advanced Marketing S.de R.L. de C.V. Calzada San Francisco Cuautlalpan No.102 Bodega "D" Col. San Francisco Cuautlalpan, Naucalpan Edo. de México C.P. 53569

Título Original/ Original Title: Vegetarian, Vegetariana

Creado y producido por McRae Books Srl

Via del Salviatino 1 – Fiesole, (Florencia) Italia

Editores: Anne McRae and Marco Nardi

Directora de Proyecto: Anne McRae

Diseño: Sara Mathews

Texto: archivo de McRae books

Edición: Carla Bardi

Fotografía: Studio Lanza (Lorenzo Borri, Cristina Canepari, Ke-ho Casati, Mauro Corsi, Gil Gallo, Leonardo Pasquinelli, Gianni Petronio, Stefano Pratesi, Sandra Preussinger)

Administrador: Bendetto Rillo

Corredor de Arte: McRae Books

Layouts: Aurora Granata, Filippo Delle Monache, Davide Gasparri

Repro: Fotolito Raf, Florencia

Traducción/ Translation: Laura Cordera L., Concepción O. de Jourdain

ISBN 978-970-718-843-3

Fabricado e impreso en China el 2 de marzo 2009 por/ Manufactured and printed in China on March 2nd, 2009 by: C&C Joint Printing (China) Co. Ltd., 3333 Cao Ying Road, 201700 Quingpu, Shanghai.